ORNITOMIMO

por Laura Alden
ilustraciones de Ching

THE CHILD'S WORLD

MANKATO, MN

Con el más sincero agradecimiento a Bret S. Beall,
Coordinador de los Servicios de Conservación para
el Departamento de Geología, Museo de Historia
Natural, Chicago, Illinois, quien revisó este libro
para garantizar su exactitud.

Library of Congress Cataloging-In-Publication Data
Alden, Laura, 1955-
[Ornithomimus. Spanish]
Ornitomimo / por Laura Alden; ilustraciones de Ching.
p. cm.
ISBN 1-56766-145-9
1. Ornithomimus--Juvenile literature.
[1. Ornithomimus. 2. Dinosaurs. 3. Spanish language materials.]
I. Ching, ill. II. Title.
QE862.S3A43318   1994
567.9'7-dc20   93-49022

ORNITOMIMO

Hace muchos años los dinosaurios caminaban en la tierra. También corrían y nadaban…

4

generalmente buscando algo para comer.

Había algunos dinosaurios que tenían que llegar
corriendo y robar su comida. Les gustaba comer y salir
corriendo.

Había dinosaurios robustos con púas, que se movían pesadamente hasta que veían algunas plantas para masticar. Éstos pastaban igual que las vacas, aunque no se parecían en nada a ellas.

Y luego había carnívoros, a los cuales les gustaba el sabor de otros dinosaurios. Algunos de estos carnívoros eran tan grandes como un autobús y con cada paso que daban, la tierra temblaba.

Los dinosaurios herbívoros aprendieron pronto
que tenían que correr más rápidamente que los
carnívoros si no querían ser atrapados y comidos.

Un dinosaurio más adelantado que todos los
demás era el ornitomimo, cuyo nombre quiere decir
"imitador de pájaros". Con sus patas largas, cuello
largo y cabeza pequeña, se parecía a una avestruz.
Además corría como una avestruz. Algunos científicos
piensan que el ornitomimo era capaz de correr a una
velocidad de ochenta kilómetros por hora, por lo que
era uno de los dinosaurios más rápidos que han sido
descubiertos jamás.

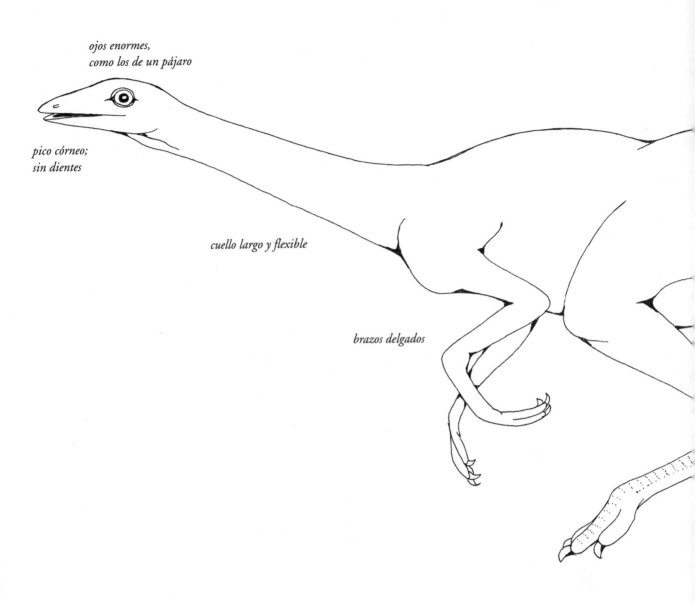

ojos enormes,
como los de un pájaro

pico córneo;
sin dientes

cuello largo y flexible

brazos delgados

El ornitomimo tenía un cuerpo de corredor. Sus
patas largas y fuertes estaban diseñadas para correr. Y
podía extender el cuello y la cola en línea recta para
escaparse rápidamente.

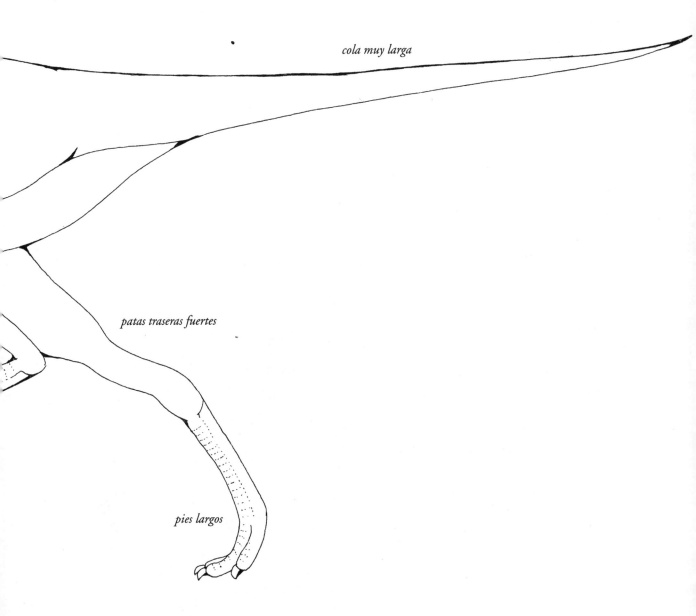

cola muy larga

patas traseras fuertes

pies largos

Aunque tenía una cabeza pequeña y ligera, el ornitomimo tenía un cerebro grande. No solamente se podía escapar corriendo de sus enemigos, sino que además también era más listo que ellos.

Este dinosaurio "avestruz" podía llegar a medir unos cuatro metros de largo y ser tan alto como un jugador de baloncesto muy alto, es decir unos dos metros. Pero en vez de tirar canastas, el ornitomimo se aprovechaba de su altura, junto con sus brazos y sus garras, para alcanzar las hojas y la fruta de los árboles altos.

La mayoría de los científicos piensan que el ornitomimo no era un comedor melindroso. Piensan que comía tanto plantas como animales pequeños. Quizás por esa razón este animal vivió cinco millones de años, hasta el final de la era de los dinosaurios.

Aunque el ornitomimo no fuera melindroso, tenía que hacer un gran esfuerzo para comer. En primer lugar ¡no tenía dientes! Tenía que utilizar el pico para dar bocados a la fruta, hojas, insectos o lagartos. Y puesto que no podía masticar se tragaba los trozos de comida enteros, igual que hacen los pájaros.

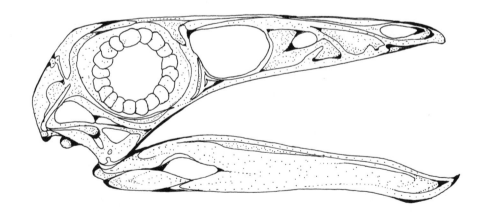

El ornitomimo podía retorcer el cuello como un
pájaro para recoger semillas o fruta del suelo, pero no
volaba por el aire atrapando insectos. El ornitomimo
no tenía alas y por eso no podía volar. Desde luego no
necesitaba volar cuando podía correr más rápido que
un rayo.

El ornitomimo también podía utilizar sus garras largas y fuertes para conseguir comida. Podía desgarrar los troncos podridos de los árboles o retirar la maleza para buscar unos cuantos insectos deliciosos. Incluso podía excavar en la arena para desenterrar nidos de huevos de dinosaurio. Cuando encontraba algunos huevos podía utilizar el pico afilado para romper el cascarón y tragarse luego su contenido delicioso.

¡Al ladrón! Desde luego, a los demás dinosaurios no les agradaba nada que les robaran los huevos, y si el ornitomimo era descubierto cuando estaba robando, se iba a ver en apuros. Por eso utilizaba sus ojos agudos para vigilar a los demás dinosaurios y no meterse en líos, por lo menos de vez en cuando.

Pero, ¿qué hacía el ornitomimo cuando era
sorprendido por un enemigo? Algunos científicos
piensan que le daba a su enemigo una "patada de
avestruz". Una avestruz puede matar a un león
dándole una patada fuerte.

Pero algunos enemigos eran mucho más grandes
que un león y no se asustaban cuando les daban una
patada. Por eso, lo mejor que podía hacer el
ornitomimo para protegerse era correr con la cabeza
levantada y la cola estirada. De esta manera el
ornitomimo pronto estaría fuera del alcance y fuera de
la vista.

Los científicos no saben mucho sobre la vida familiar del ornitomimo. Algunos se han preguntado si daba a luz a sus crías, pero la mayoría piensa que ponía huevos, al igual que muchos otros dinosaurios. Es posible que el ornitomimo cavara un nido en el suelo, y después lo protegiera contra otros ladrones de huevos.

Los científicos piensan que los ornitomimos eran buenos padres. Opinan que traían comida para sus crías y las protegían contra el peligro. Cuando las crías crecían lo suficiente para viajar, muchos ornitomimos probablemente viajaban juntos en manadas, con las crías en el centro de las mismas para protegerlas mejor.

Los científicos piensan que las manadas viajaban
lejos y por un terreno muy extenso. Se los imaginan
corriendo por las llanuras planas y abiertas, llegando a
pantanos y bosques cercanos en busca de alimentos.

Los científicos no saben por qué razón
desaparecieron los ornitomimos, al igual que los
demás dinosaurios, hace millones de años.

Muchos científicos piensan que la era de los
dinosaurios llegó a su fin después de que un asteroide

grande se estrelló contra la tierra. Dicha colisión pudo haber ocasionado nubes de polvo enormes. Si las nubes bloquearon la luz del sol durante muchos años o incluso meses, es probable que las plantas murieran y no crecieran otras nuevas. Poco a poco los dinosaurios habrían muerto de hambre.

Algunos científicos piensan que los dinosaurios murieron debido a una enfermedad. Otros opinan que el clima de la tierra cambió y se hizo muy frío para los dinosaurios.

Es probable que no se lleguen a conocer nunca las causas de la desaparición de los dinosaurios. Pero en la actualidad sí sabemos muchas cosas sobre ellos: qué aspecto tenían, lo que comían y cómo vivían. Y también sabemos cómo imaginarnos al ornitomimo… ¡siempre corriendo!

¡A divertirse con los dinosaurios!

Cuando una especie de planta o animal, tal como un dinosaurio, se hace extinto, eso quiere decir que desaparece para siempre. En la época moderna, muchísimas plantas y animales han desaparecido y otras están en peligro de extinción. Eso quiere decir que llegarán a desaparecer si no se las protege.

¿Qué puedes hacer para ayudar a proteger animales en peligro de extinción? El primer paso es aprender más sobre los mismos. Busca información en los periódicos, revistas y libros sobre los animales en peligro de extinción. Pídele a tu bibliotecaria que te ayude a descubrir qué grupos colaboran en la protección de animales en peligro de extinción, tal como el Fondo Mundial para Fauna Salvaje (World Wildlife Fund). También puedes escribir al Servicio de Pesca y Fauna Salvaje de los Estados Unidos para que te envíen información. Su dirección es la siguiente:

United States Fish and Wildlife Service
Publications Unit
130 Arlington Square Building
18th and C Streets NW
Washington, D.C. 20240